VENTE DU SAMEDI 8 MARS 1890

HÔTEL DROUOT, SALLE N° 8

Pour cause de Départ

DE M. M. TOTVANIAN

RICHES BRODERIES

Étoffes et Curiosités Persanes

MOBILIER BOIS DORÉ STYLE LOUIS XVI

Bronzes de l'Empire

TAPISSERIE RENAISSANCE

EXPOSITION PUBLIQUE

LE VENDREDI 7 MARS 1890

De 1 heure à 5 heures 1|2

Mᵉ PAUL CHEVALLIER	**M. CHARLES MANNHEIM**
COMMISSAIRE-PRISEUR	EXPERT
10, rue de la Grange-Batelière, 10	7, rue Saint-Georges, 7

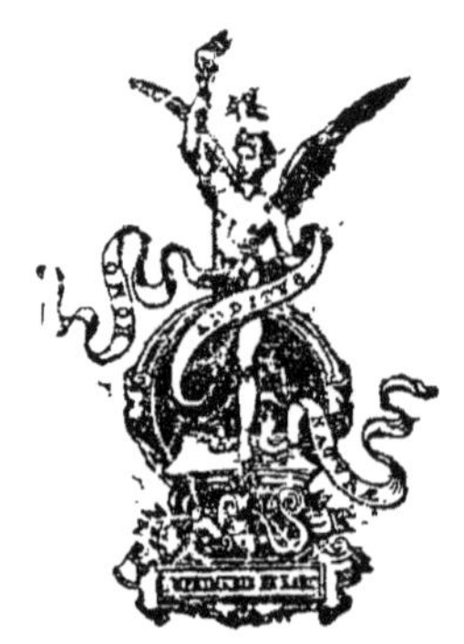

CATALOGUE

DES

ÉTOFFES

Européennes et Persanes

RICHES BRODERIES DE SOIES ET D'ARGENT

Toiles brodées d'un précieux travail

Tapis persans

Armes, Cuivres et Curiosités de la Perse

BEAUX MEUBLES EN BOIS DORÉ DE STYLE LOUIS XVI

Bronzes dorés de l'Empire et de la Restauration

Surtout de table, Vases, Pendules

Meuble de Salon recouvert en tapisserie

Piano décoré d'incrustations

TAPISSERIE RENAISSANCE

Tableaux, Porcelaines, Objets divers

DONT LA VENTE AURA LIEU

Pour cause de départ de M. M. Totvanian

HOTEL DROUOT, SALLE N° 8

Le Samedi 8 Mars 1890

A DEUX HEURES

COMMISSAIRE-PRISEUR	EXPERT
Me PAUL CHEVALLIER	**M. CHARLES MANNHEIM**
10, rue de la Grange-Batelière, 10	7, rue Saint-Georges, 7

EXPOSITION PUBLIQUE

Le Vendredi 7 Mars 1890, de 1 heure à 5 heures 1/2

CONDITIONS DE LA VENTE

Elle sera faite au comptant.

Les acquéreurs payeront en sus des enchères *cinq pour cent*, applicables aux frais.

L'exposition mettant le public à même de se rendre compte de l'état des objets, il ne sera admis aucune réclamation une fois l'adjudication prononcée.

Paris. — Imprimerie de l'Art. E. Ménard et Cie, 41, rue de la Victoire.

DÉSIGNATION DES OBJETS

ARMES ET CURIOSITÉS DE LA PERSE

1 — Sabre persan à lame courbe ondulée, portant en damasquine d'or une inscription en caractères très anciens, quillons en fer damasquiné, poignée en jade incrustée d'or.

2 — Autre à poignée et garniture de fourreau gravées et dorées ; il est muni de son ceinturon.

3 — Trois pièces persanes : casque, rondache et brassard à figures et ornements gravés et damasquinés.

4 — Plateau à bord festonné, décoré de gravures et d'incrustations.

5 — Aiguière cordiforme en cuivre, couverte d'ornements et d'une inscription arménienne, finement gravés.

6 — Pied de narghilé en métal noir de l'Inde, décoré d'incrustations d'argent.

7 — Deux jardinières rondes en bronze à ornements et inscription orientale en relief, avec parties argentées.

8 — Pitong en bronze du Japon, décoré d'oiseaux en relief.

BRODERIES ET ÉTOFFES PERSANES

9 — Beau et ancien tapis arménien de prière, en soies de couleurs d'une grande finesse, figurant une arcade lobée inscrite dans une triple bande ornementale chargée de fleurons et d'entrelacs. Il porte des caractères arméniens.

10 — Très beau tapis arménien en broderie d'argent en relief, offrant, au centre, les armes de la Russie et des lions héraldiques, ressortant sur un fond de velours pourpre; bordure composée de palmes et de festons fleuris.

11 — Beau tapis oriental en broderie d'argent et d'or en relief à motif central lobé, oiseaux, écoinçons et bordure sur fond de velours de soie ponceau.

12-13 — Quatre carrés pour coussins en broderie de soies multicolores, à bandes obliques chargées de fleurs arabesques. Travail persan d'une extrême finesse.

14 — Deux coussins persans en broderie de soies et de fils d'argent, l'un rouge, l'autre fond blanc.

15 — Devant de cheminée en broderie de soies multicolores et de fils d'argent à larges palmes, rinceaux et festons de fleurs en relief sur fond de drap noir.

16 — Carré en broderies de soies de couleurs et de fils d'argent et dorés, à rosace centrale et fleurons sur satin cerise dans un encadrement à festons de fleurs sur fond bleu.

17-18 — Deux beaux tapis en velours de soie ponceau, décorés de touffes de palmettes en broderie d'argent doré.

19 — Tapis de soie rose décoré en broderie d'argent doré
d'une gerbe de feuillages encadrée d'un double feston,
entremêlé de palmettes.

20 — Tapis de guéridon en velours de Perse à raie verte
entre deux raies rouges, décoré de rinceaux et d'ornements, en lamé métallique, doré et argenté ; il est bordé
d'une frange.

21 — Carré pour coussin en broderie de Recht sur drap
rouge.

22 — Écharpe persane en soies brochées de couleurs, rehaus-
sée de fils métalliques.

23 — Carré pour coussin en soies brochées, à fleurs inscrites dans un treillis, à fond de fils dorés.

24 — Autre formé de deux rectangles juxtaposés, en broché
de soies de couleurs et fils métalliques.

25 — Robe orientale à fleurettes inscrites dans un treillis sur
fond crème.

26 — Corsage de dame en soie bleue recouverte de fleurs et
d'oiseaux brochés en soies de couleurs et fils métalliques.

27 — Robe de soie blanche décorée de festons de fleurs
brodés au point de chaînette en soies de couleurs et fils
métalliques.

28 — Robe turcomane richement brodée en soies multicolores sur tissu bleu et garnie de glands de soie à calottes
d'argent.

29 — Bachelick de mérinos rouge à inscriptions et ornements brodés au point de chaînette en soie blanche et fil
métallique.

30 — Veste de drap noir richement brodée en fin.

31 — Deux molletières en drap rouge brodées en argent.

32-33 — Deux châles en cachemire de Perse, à fond blanc.

34-35 — Deux châles en cachemire de l'Inde, à fond rouge.

36 — Pièce d'environ 3 m. 50 cent. de soie rouge décorée de coqs en broché métallique, doré et argenté.

37-38 — Deux pièces de velours rouge en soie unie.

39 à 44 — Six pièces de soieries orientales de plusieurs couleurs.

45 à 47 — Trois manteaux persans variés de couleurs et enrichis d'ornements tissés en fils métalliques.

48 — Deux sacs orientaux en tapisserie de soies.

49 — Sac porte-livre avec bandoulière, en mosaïque de draps.

50 — Chaussures de chasse, cuir avec broderies.

51 — Grand couvre-lit en toile imprimée, à dessin cachemire sur fond rouge.

52 — Nappe en toile imprimée, avec médaillons à inscriptions.

53 — Couvre-lit en toile imprimée.

54 — Tapis de prière en toile à bordure imprimée simulant une arcade.

BRODERIE DE SOIES SUR TOILE

55 — Très petit tapis de prière, en batiste, décoré de broderies de soie blanche, d'une extrême délicatesse et du

travail le plus précieux ; ces broderies figurent une arcade lobée, des gerbes de fleurs, le peigne liturgique et des inscriptions.

56 — Petit tapis de prière, en toile fine, avec bordure finement brodée en soie écrue et inscriptions en soies vertes et rouges,

57 — Tapis de prière, en batiste, avec bordure, peigne et autres ornements très finement brodés en soie blanche.

58 — Châle carré en toile fine, avec bordure brodée en soie blanche.

59-60 — Deux carrés pour coussins en broderie de soie blanche et de fils d'argent sur gaze.

61 — Chemise de mariage en gaze, garnie de broderies.

62 — Écharpe orientale de gaze, brodée à chaque extrémité en soies de couleurs et fils métalliques.

TAPIS ORIENTAUX

63 — Très grand tapis persan à entrelacs et ornements multicolores sur fond bleu, et large bordure composée de neuf bandes à fonds variés.

64 — Grand tapis de Perse à raies ornementales de couleurs variées et encadrement à fond blanc.

65 — Tapis de Kurdistan, milieu fond blanc, écoinçons à fond gros bleu et bordure fond jaune.

66 — Tapis turcoman, à dessin et ornements géométriques en relief sur fond blanc.

67 — Deux coussins garnis de tapis de Perse.

68 — Grand tapis persan en poil de chameau, à dessins en couleurs sur fond gris.

69 à 73 — Cinq tapis persans.

74 — Trois bandes d'ancien tapis de Perse, à rinceaux et fleurons sur fond gros bleu.

BRODERIES ET SOIERIES EUROPÉENNES

75-76 — Dix pièces provenant de chasubles en soie blanche, d'une très-belle ornementation à fleurs et rinceaux en broderie de soies multicolores et broderie en relief de fils d'argent doré. Époque Louis XIV.

77 — Six pièces : étoles, manipules et pale de même ornementation et de même travail.

78 — Deux bandes en tapisserie au point, représentant des festons de vigne sur fond jaunâtre.

79 — Carré en tapisserie au point, à sujet chinois ressortant sur fond de soie blanche.

80 — Belle nappe en fil, damassée de soie blanche, offrant une composition allégorique au milieu de laquelle est représentée l'impératrice Eugénie.

81 — Quatre grands rideaux, deux lambrequins, une tablette et rideaux de cheminée en soie cerise brochée blanc, à figures d'amours et fleurs ; deux galeries en bois doré.

82 — Grand couvre-lit de satin vert à large bordure de feuillages brochés ; ton vieil or.

83 — Devant d'autel Louis XIV, en soie verte, à dessins de
grosses fleurs brochées argent et soies de couleur.

84 — Tapis à dessin broché bleu sur fond cerise, bordé
d'une frange bleue à grille.

85 — Cinq coupes d'anciennes soieries, lampas, etc.,
variées.

86 — Tableau en broderie, dans un ancien cadre de bois
sculpté.

87 à 89 — Anciennes dentelles blanches.

TAPISSERIES

90 — Jolie tapisserie en hauteur, de la Renaissance, offrant
sur un fond de verdure divers animaux, chevaux, chi-
mères, etc., encadrés d'une arcade à plein cintre, sup-
portée par des cariatides. Bordure à rosaces et fleurons.

91 — Tapisserie ancienne.

PORCELAINES, FAIENCES

92 — Deux petits plats en faïence de Perse, décor bleu à
ornements radiés et inscription.

93 — Autre, gaufré à filets et caractères arméniens en bleu,
et une soucoupe de même faïence.

94 — Plusieurs plats en porcelaine de Chine et du Japon.

95 — Deux vases en faïence espagnole, à reflets métalliques.

96 — Deux vases de style Louis XVI en porcelaine de Berlin, à bouquets en couleurs et ornements en dorure.

97 — Grande coupe en porcelaine de Sèvres, émaillée bleu marbré, et décorée d'ornements en dorure.

98 — Deux vases en porcelaine de l'Empire, à médaillons : bustes de femme sur fond doré.

99 — Deux assiettes en Chine moderne, posées sur supports en bronze.

100 — Théières, pots à crème, bols, tasses, assiettes, etc., en porcelaine décorée et dorée, du premier Empire et de la Restauration.

BRONZES D'AMEUBLEMENT

101 — Beau surtout de table en bronze ciselé et doré au mat, du temps de la Restauration, à décor de festons de vigne, de fleurs et de godrons ; grand plateau ovale à glace étamée ; trois guéridons-étagères, et quatre pieds de coupes.

102 — Deux vases Médicis, analogues au surtout qui précède ; ils reposent sur des piédestaux quadrangulaires.

103 — Deux flambeaux de même époque, élevés sur trépieds à griffes.

104 — Support de lampe en bronze doré, de même époque.

105 — Pendule en forme de vase, à cadrant tournant, élevé sur socle carré, décoré de plaquettes en malachite.

106 — Suspension cul-de-lampe en bronze de l'Empire, décoré de mascarons : zéphyrs.

107 — Frise en bronze doré mat du premier Empire, représentant une scène de l'antiquité.

108 — Deux flambeaux de même époque, en bronze doré mat, en forme de colonnes surmontées d'une corbeille.

109 — Pendule-régulateur à cage, avec glaces biseautées, de Wagner, horloger du roi.

110 — Pendule à colonnes en bronze doré, cadran au nom de Gabriel Le Roy.

111 — Deux flambeaux de l'Empire, à tiges formées de termes égyptiens adossés.

112 — Lustre figurant un bouquet de lis en bronze, garni de cristaux.

113 — Deux petits lustres d'applique, à cinq lumières chacun.

114 — Deux autres à quatre lumières.

115 — Petite garniture de cheminée en marbre blanc et bronze doré, de style Louis XVI : pendule surmontée d'une cassolette et deux flambeaux à deux lumières, soutenus par des figurines d'enfants.

116 — Lot de cordons de sonnettes et d'appliques de meubles, en bronze doré de l'Empire.

117 — Plusieurs coupes en bronze de même époque.

118 — Coupe ronde en bronze doré, avec socle en onyx d'Algérie.

119 — Coupe ovale en onyx d'Algérie, avec monture en bronze.

120 — Lampe et son support, à figures et ornements de style antique ; bronze de chez Barbedienne.

121 — Encrier en bronze et cristal, sur plaque ovale en malachite.

122 — Coupe de cuivre argenté simulant un aquarium.

MEUBLES

123 — Meuble de salon en palissandre sculpté, recouvert en tapisserie d'Aubusson, à médaillons de fleurs sur fond blanc, avec entourage à fond rouge : un canapé, quatre fauteuils et six chaises.

124 — Vitrine de style Louis XVI, en bois sculpté et doré, à colonnettes adossées aux montants ; glaces biseautées, fond en glace étamée.

125 — Table ovale style Louis XVI, en bois doré, à ceinture découpée à jour et pieds cannelés reliés par des traverses.

126 — Six chaises légères de style Louis XVI, à dossiers ajourés avec médaillons chiffrés, en bois doré ; elles sont couvertes de satins variés de couleurs et très finement brodées en soies.

127 — Pouf recouvert en tapisserie au petit point, à figures d'amours et fleurs sur fond blanc.

128 — Piano droit, de L. Benoît, à sept octaves, en bois de palissandre, décoré d'incrustations de cuivre et d'ivoire.

129 — Tabouret de piano en bois sculpté et doré. Style Louis XVI.

130 — Chaise légère à dossier lyre en bois doré, style Louis XVI, recouverte en tapisserie au petit point.

131 — Grande horloge à poids et à carillon dans sa gaine d'acajou à colonnettes, garnie de chapiteaux et de bases en bronze ; la corniche cintrée est surmontée de trois statuettes dorées. XVIIIe siècle.

132 — Écran de cheminée à monture de bois sculpté et doré, montants formés de colonnettes ; feuille en soie brodée du Japon, à figures, oiseaux et paysages.

133 — Table à ouvrage de forme ovale, en bois des Iles, garnie de cuivres.

134 — Lit de style Louis XVI en bois sculpté et doré, à colonnettes détachées, surmontées de panaches ; il est tendu de soie gris perle brochée blanc.

135 — Deux jardinières en forme de trépieds, à têtes de bélier, en bois sculpté et doré. Style Louis XVI.

136 — Deux consoles-appliques, style Louis XV, en bois doré.

137 — Deux grands fauteuils en bois tourné, garnis d'ornements en cuivre et recouverts de velours de soie persan et de bandes en tapisserie au point, à festons de pampre sur fond jaune.

138-139 — Deux petits cabinets japonais en mosaïque de bois naturel, garnis d'écoinçons et de charnières en métal gravé.

140 — Thermomètre de Wauquier Soleil, opticien du roi.

TABLEAUX

141 — **Wouwermans** (D'après). Départ et Retour de chasse, deux pendants.

142 — **Aïvasovsky** (1857). Deux marines en pendants : Soleil couchant et Clair de lune.

143 — **Titien** (D'après). Titien et sa maîtresse.

144 — **Ecole russe**. Deux marines en pendants.

145 — Plusieurs tableaux et gravures.

146 — **Dyck** (D'après **Van**). La Fillette au chien.

147 — **Ecole moderne**. Étude de meubles, dans un cadre ovale en bois doré.

148 — **Ecole moderne**. Intérieur de salon.

149 — **Geirnaert**. La Petite Malade.

150 — **Ecole moderne**. Branches de lilas. Aquarelle.

OBJETS VARIÉS

151 — Nécessaire de toilette garni en argent.

152 — Six flacons de cristal, à bouchons d'argent.

153 — Accordéon.